Impressum
Verlag: BABADADA GmbH, Nedderfeld 112 , 22529 Hamburg
Geschäftsführer / Verlagsleitung: Harald Hof
Druck: Books on Demand GmbH, In de Tarpen 42, 22848 Norderstedt

Imprint
Publisher: BABADADA GmbH, Nedderfeld 112 , 22529 Hamburg, Germany
Managing Director / Publishing direction: Harald Hof
Print: Books on Demand GmbH, In de Tarpen 42, 22848 Norderstedt, Germany

школа

skóli

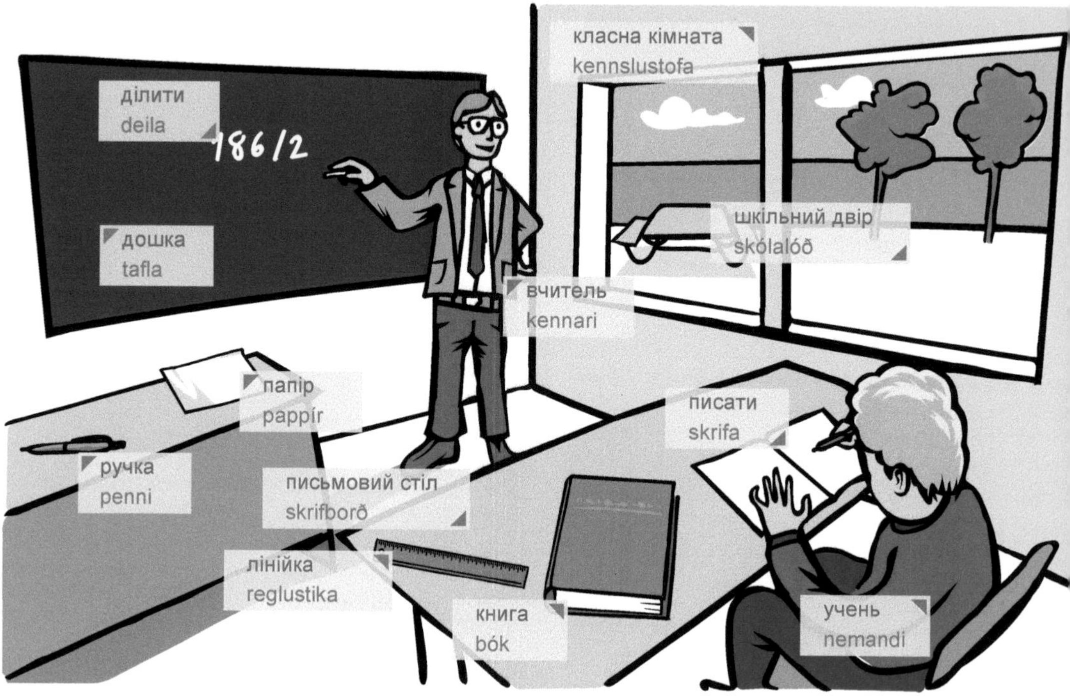

класна кімната
kennslustofa
ділити
deila
186/2
дошка
tafla
шкільний двір
skólalóð
вчитель
kennari
папір
pappír
писати
skrifa
ручка
penni
письмовий стіл
skrifborð
лінійка
reglustika
книга
bók
учень
nemandi

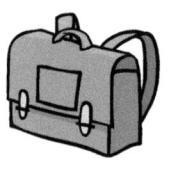

ранець

skólataska

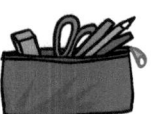

пенал

pennaveski

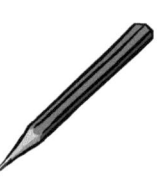

олівець

blýantur

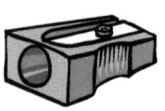

точило

yddari

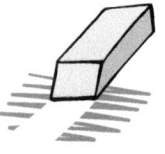

гумка

strokleður

альбом для малювання

teikniblað

малюнок

teikning

пензель

pensill

коробка фарб

litakassi

ножиці

skæri

клей

lím

зошит

æfingabók

домашнє завдання

heimavinna

число

númer

2+2

додавати

leggja saman

5-2

віднімати

draga frá

2×2

множити

margfalda

рахувати

reikna

A

літера

bréf

ABCDEFG HIJKLMN OPQRSTU VWXYZ

абетка

stafróf

слово

orð

текст
texti

читати
lesa

крейда
krít

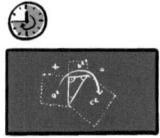

година
kennslustund

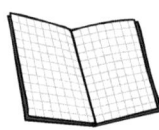

класний журнал
kladdi

екзамен
próf

диплом
vottorð

шкільна форма
skólabúningur

освіта
menntun

лексикон
alfræðirit

університет
háskóli

мікроскоп
smásjá

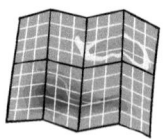

карта
kort

кошик для паперу
ruslakarfa

подорож
ferðalög

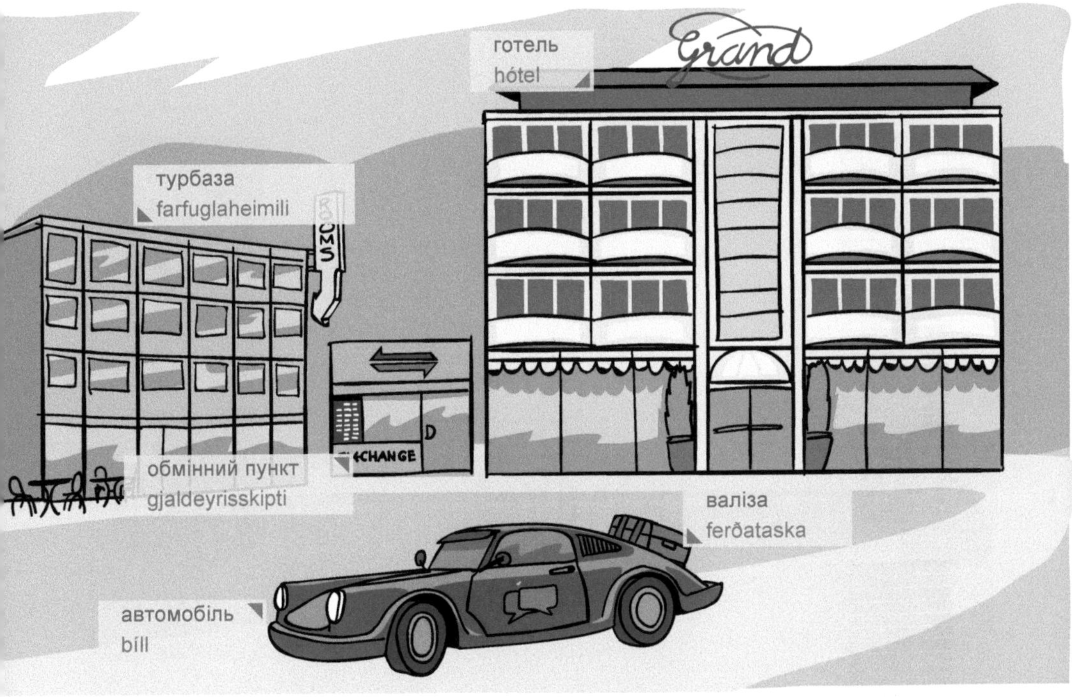
готель
hótel
турбаза
farfuglaheimili
обмінний пункт
gjaldeyrisskipti
валіза
ferðataska
автомобіль
bíll
Grand
ROOMS
EXCHANGE

мова

tungumál

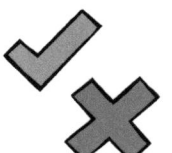

так / ні

já / nei

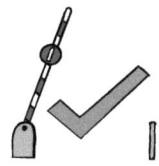

добре

allt í lagi

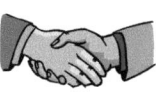

привіт

halló

перекладач

þýðandi

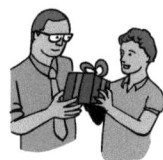

дякую

takk fyrir

Скільки коштує ...?

hvað kostar...?

Я не розумію

Ég skil ekki

проблема

vandamál

Добрий вечір!

Gott kvöld!

Доброго ранку!

Góðan dag!

На добраніч!

Góða nótt!

До побачення

bless bless

напрямок

átt

багаж

farangur

сумка

taska

рюкзак

bakpoki

гість

gestur

кімната

herbergi

спальний мішок

svefnpoki

намет

tjald

туристична інформація

upplýsingamiðstöð

пляж

strönd

кредитна картка

kreditkort

сніданок

morgunverður

обід

hádegisverður

вечеря

kvöldmatur

квиток

farmiði

ліфт

lyfta

поштова марка

frímerki

межа

landamæri

митниця

tollur

посольство

sendiráð

віза

vegabréfsáritun

паспорт

vegabréf

транспорт
samgöngur

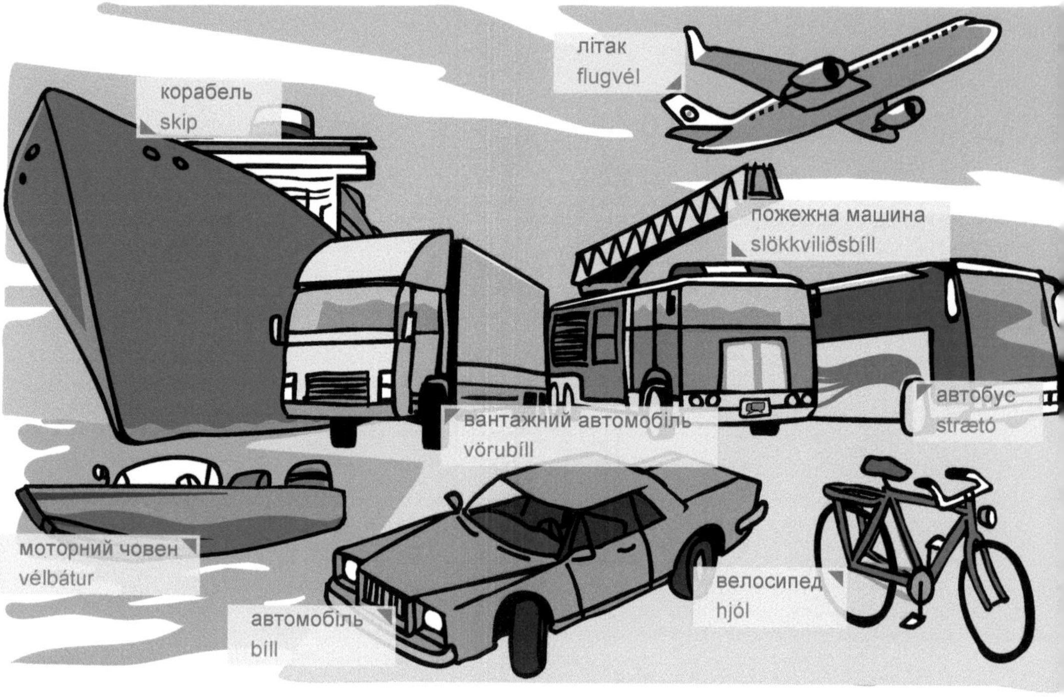

літак
flugvél
корабель
skip
пожежна машина
slökkviliðsbíll
автобус
strætó
вантажний автомобіль
vörubíll
моторний човен
vélbátur
велосипед
hjól
автомобіль
bíll

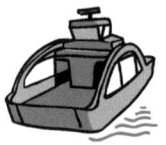

пором

ferja

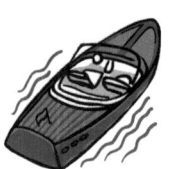

човен

bátur

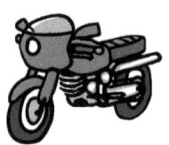

мотоцикл

mótorhjól

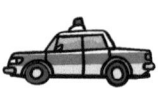

поліцейська машина

lögreglubíll

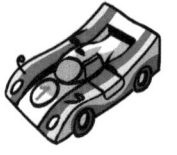

гоночний автомобіль

kappakstursbíll

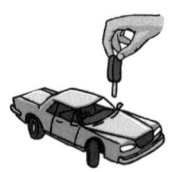

автомобіль на прокат

bílaleigubíll

спільне користування авто

bílasamneyti

евакуатор

dráttarbíll

сміттєвоз

öskubíll

двигун

vél

паливо

eldsneyti

автозаправна станція

bensínstöð

дорожній знак

umferðarskilti

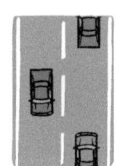

рух

umferð

затор

umferðarteppa

стоянка

bílastæði

вокзал

lestarstöð

рейки

járnbrautarteinar

потяг

lest

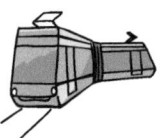

трамвай

sporvagn

вагон

vagn

гелікоптер

þyrla

аеропорт

flugvöllur

вежа

turn

пасажир

farþegi

контейнер

gámur

коробка

pappakassi

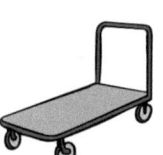

візок

kerra

кошик

karfa

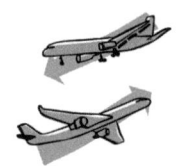

стартувати / приземлятися

takast á loft / lenda

місто

borg

село

þorp

центр міста

miðbær

дім

hús

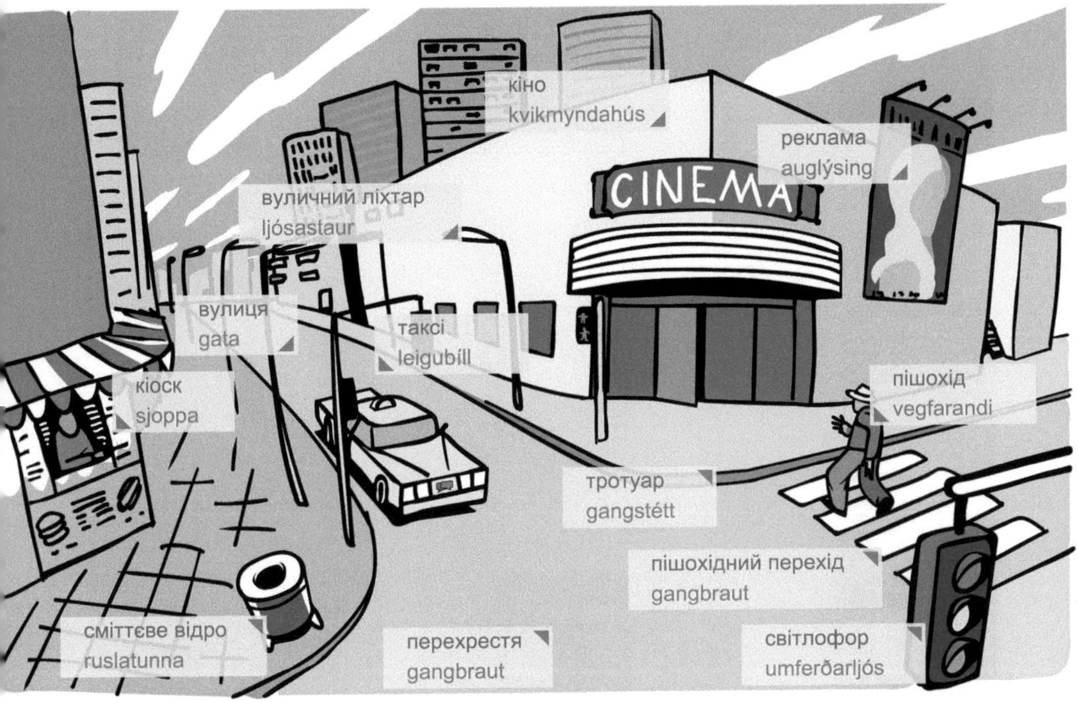

кіно
kvikmyndahús
реклама
auglýsing
CINEMA
вуличний ліхтар
ljósastaur
вулиця
gata
таксі
leigubíll
кіоск
sjoppa
пішохід
vegfarandi
тротуар
gangstétt
пішохідний перехід
gangbraut
сміттєве відро
ruslatunna
перехрестя
gangbraut
світлофор
umferðarljós

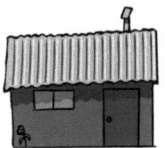

хатина

skáli

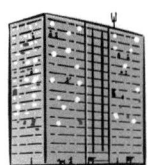

квартира

íbúð

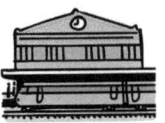

вокзал

lestarstöð

ратуша

ráðhús

MUSEUM

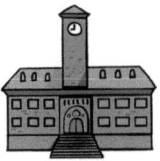

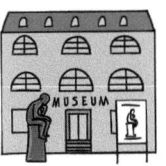

музей

safn

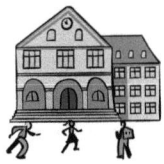

школа

skóli

університет

háskóli

банк

banki

лікарня

sjúkrahús

готель

hótel

аптека

apótek

офіс

skrifstofa

книжковий магазин

bókabúð

магазин

búð

квітковий магазин

blómabúð

супермаркет

kjörbúð

ринок

markaður

універмаг

stórmarkaður

торговець рибою

fiskbúð

торговельний центр

verslunarmiðstöð

гавань

höfn

парк

almenningsgarður

лава

bekkur

міст

brú

сходи

stigi

метро

neðanjarðarlest

тунель

göng

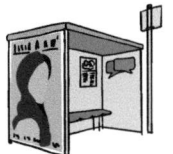

автобусна зупинка

biðstöð

бар

bar

ресторан

veitingastaður

поштова скринька

póstkassi

вулична табличка

götuskilti

лічильник паркування

stöðumælir

зоопарк

dýragarður

басейн

sundlaug

мечеть

moska

ферма

bær

забруднення
навколишнього
середовища

mengun

кладовище

kirkjugarður

церква

kirkja

дитячий майданчик

leiksvæði

храм

musteri

ландшафт
landslag

листок
laufblað

вказівний стовп
leiðarvísir

шлях
leið

луг
engi

мандрівник
göngufólk

камінь
steinn

дерево
tré

річка
á

трава
gras

квітка
blóm

долина

dalur

гора

hæð

озеро

stöðuvatn

ліс

skógur

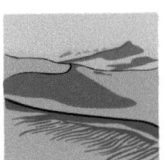

пустеля

eyðimörk

вулкан

eldfjall

замок

kastali

веселка

regnbogi

гриб

sveppur

пальма

pálmatré

комар

moskítófluga

муха

fluga

мурашка

maur

бджола

býfluga

павук

kónguló

ландшафт - landslag

жук

bjalla

жаба

froskur

вивірка

íkorni

їжак

broddgöltur

заєць

héri

сова

ugla

птах

fugl

лебідь

svanur

кабан

villisvín

олень

dádýr

лось

elgur

гребля

stífla

вітряк

vindmylla

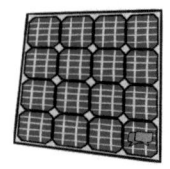

сонячний модуль

sólarrafhlaða

клімат

loftslag

ресторан
veitingastaður

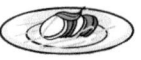

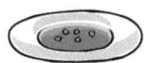

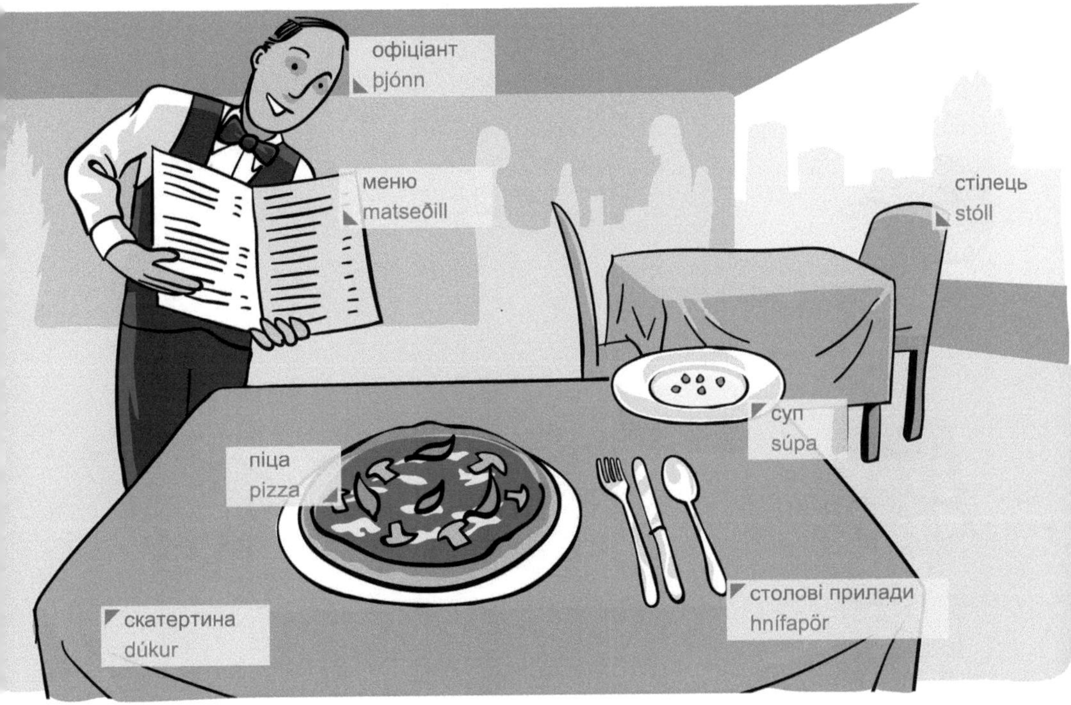
офіціант
þjónn
меню
matseðill
стілець
stóll
суп
súpa
піца
pizza
столові прилади
hnífapör
скатертина
dúkur

закуска
forréttur

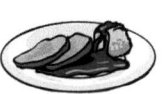

друга страва
aðalréttur

десерт
eftirréttur

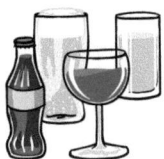

напої
drykkir

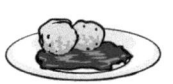

їжа
matur

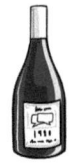

пляшка
flaska

фаст-фуд

skyndibiti

вулична їжа

götumatur

чайник

teketill

цукорниця

sykurskál

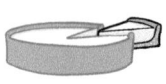

порція

skammtur

еспресо-машина

espressovél

високий стільчик

barnastóll

рахунок

reikningur

піднос

bakki

ніж

hnífur

вилка

gaffall

ложка

skeið

чайна ложка

teskeið

серветка

servíetta

склянка

glas

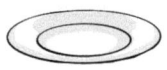

тарілка

diskur

тарілка для супу

súpudiskur

блюдце

undirskál

соус

sósa

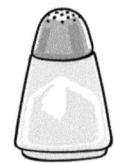

солонка

saltstaukur

млин для перцю

piparkvörn

оцет

edik

масло

olía

спеції

krydd

кетчуп

tómatsósa

гірчиця

sinnep

майонез

majónes

супермаркет
kjörbúð

пропозиція
tilboð
FOR
клієнт
viðskiptavinur
молочні продукти
mjólkurvörur
фрукти
ávöxtur
візок для покупок
búðarkerra

BUTCHERS

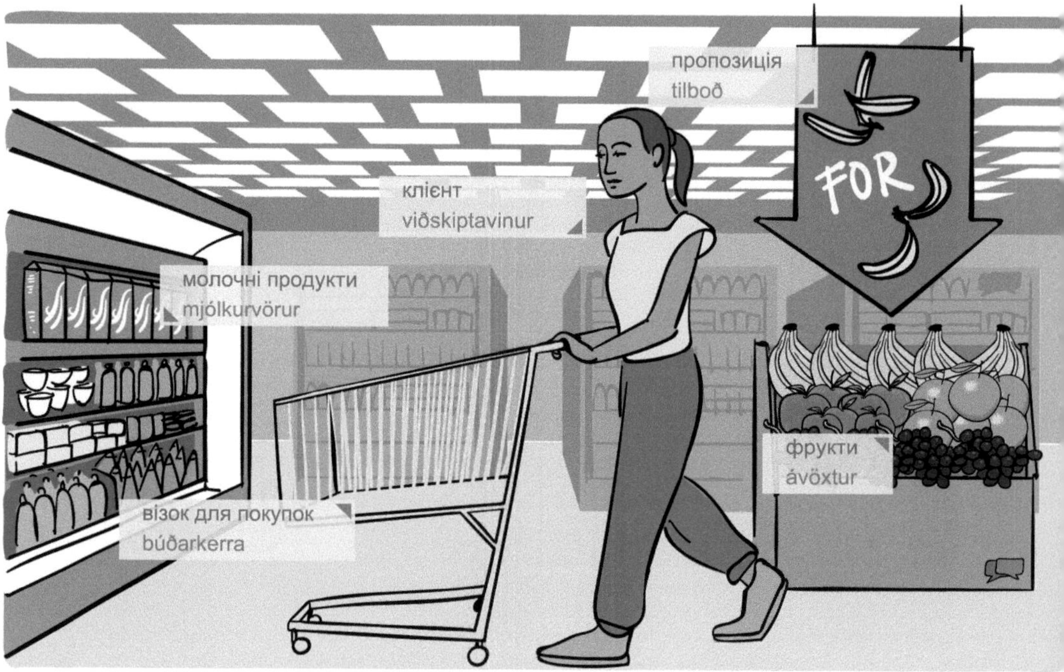

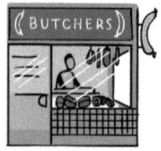

м'ясний магазин

slátrari

BAKERY

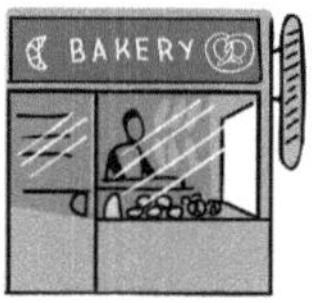

пекарня

bakarí

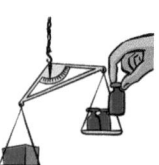

зважувати

vega

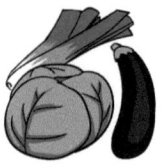

овочі

grænmeti

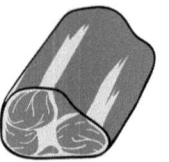

м'ясо

kjöt

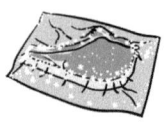

заморожені продукти

frosinn matur

ковбасна нарізка

kjötálegg

консерви

niðursoðinn matur

пральний порошок

þvottaefni

солодощи

sælgæti

предмети домашнього побуту

vörur til heimilisnota

мийний засіб

hreinsiefni

продавщиця

afgreiðslukona

каса

afgreiðslukassi

касир

gjaldkeri

список покупок

innkaupalisti

часи роботи

opnunartímar

гаманець

veski

кредитна картка

kreditkort

сумка

poki

поліетиленовий пакет

plastpoki

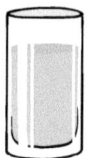

вода

vatn

сік

safi

молоко

mjólk

кола

kók

вино

vín

пиво

bjór

алкоголь

áfengi

какао

kakó

чай

te

кава

kaffi

еспресо

espresso

капучіно

kaffi

банан

banani

яблуко

epli

апельсин

appelsínugulur

кавун

melóna

лимон

sítróna

морква

gulrót

часник

hvítlaukur

бамбук

bambus

цибуля

laukur

гриб

sveppir

горішки

hnetur

локшина

núðlur

спагеті

spagettí

рис

hrísgrjón

салат

salat

картопля фрі

franskar kartöflur

смажена картопля

steiktar kartöflur

піца

pizza

гамбургер

hamborgari

бутерброд

samloka

шніцель

snitsel

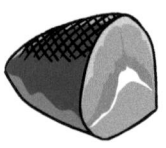

шинка

skinka

салямі

salami

ковбаса

pylsa

курка

kjúklingur

печеня

steik

риба

fiskur

вівсяні пластівці

haframjöl

мюслі

múslí

кукурудзяні пластівці

kornflögur

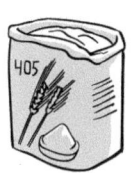

борошно

hveiti

круасан

franskt horn

булочка

smábrauð

хліб

brauð

тостовий хліб

ristað brauð

печиво

kex

масло

smjör

сир

ystingur

пиріг

kaka

яйце

egg

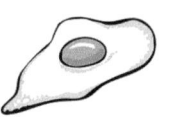

яєчня

spælt egg

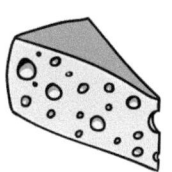

сир

ostur

морозиво
ís

цукор
sykur

мед
hunang

мармелад
sulta

нуга-крем
súkkulaðiálegg

карі
karrý

сільський будинок
bóndabær

комора
hlaða

солом'яні тюки
heybaggi

поле
hagi

кінь
hestur

причіп
kerra

трактор
dráttarvél

лоша
folald

віслюк
asni

ягня
lamb

вівця
sauðfé

коза
geit

корова
kýr

теля
kálfur

свиня
svín

порося
grís

бик
naut

ферма - bær

27

гусак

gæs

качка

önd

курча

ungi

курка

hæna

півень

hani

щур

rotta

кіт

köttur

миша

mús

віл

uxi

собака

hundur

собача будка

hundakofi

садовий шланг

garðslanga

лійка

garðkanna

коса

ljár

плуг

plógur

серп

sigð

мотика

hlújárn

вила

heygaffall

сокира

öxi

тачка

hjólbörur

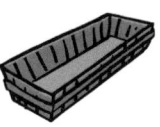

корито

trog

бідон молока

mjólkurfata

мішок

poki

паркан

girðing

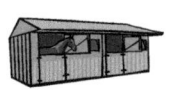

хлів

gripahús

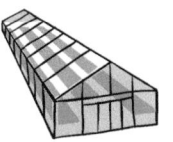

теплиця

gróðurhús

ґрунт

jarðvegur

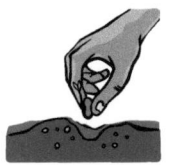

насіння

fræ

добриво

áburður

комбайн

kornskurðarvél

пожинати

uppskera

урожай

uppskera

корінь ямсу

kínverskar kartöflur

пшениця

hveiti

соя

soja

картопля

kartafla

кукурудза

maís

ріпак

repja

плодове дерево

ávaxtatré

маніок

maníókarót

злаки

korn

димохід
strompur

дах
þak

водостічний лоток
niðurfall

вікно
gluggi

гараж
bílskúr

дзвінок
dyrabjalla

двері
dyr

відро для сміття
öskutunna

поштова скринька
póstkassi

сад
garður

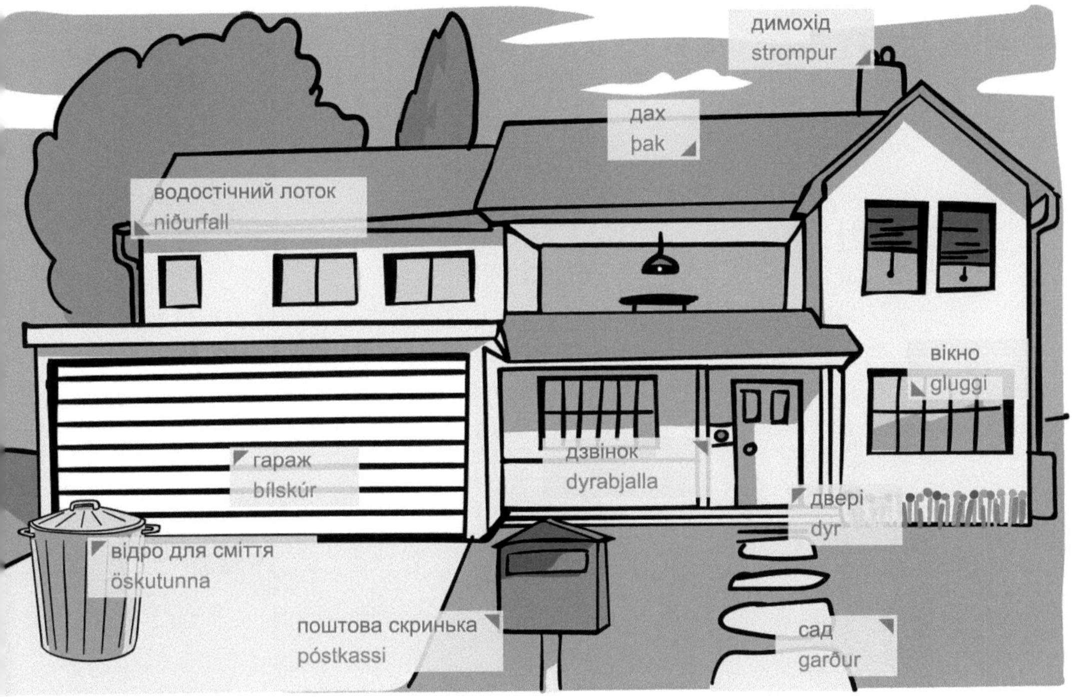

вітальня
stofa

ванна кімната
baðherbergi

кухня
eldhús

спальня
svefnherbergi

дитяча кімната
barnaherbergi

їдальня
borðstofa

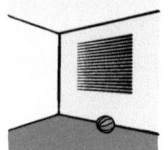

підлога

gólf

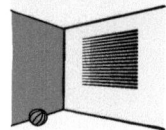

стіна

veggur

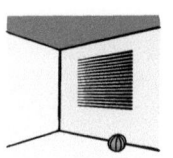

стеля

loft

підвал

kjallari

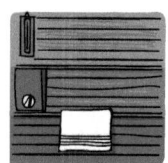

сауна

gufubað

балкон

svalir

тераса

verönd

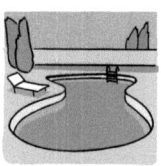

басейн

sundlaug

косарка

sláttuvél

простирало

lak

ковдра

rúmteppi

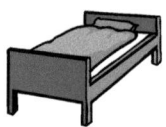

ліжко

rúm

мітла

kústur

відро

fata

перемикач

rofi

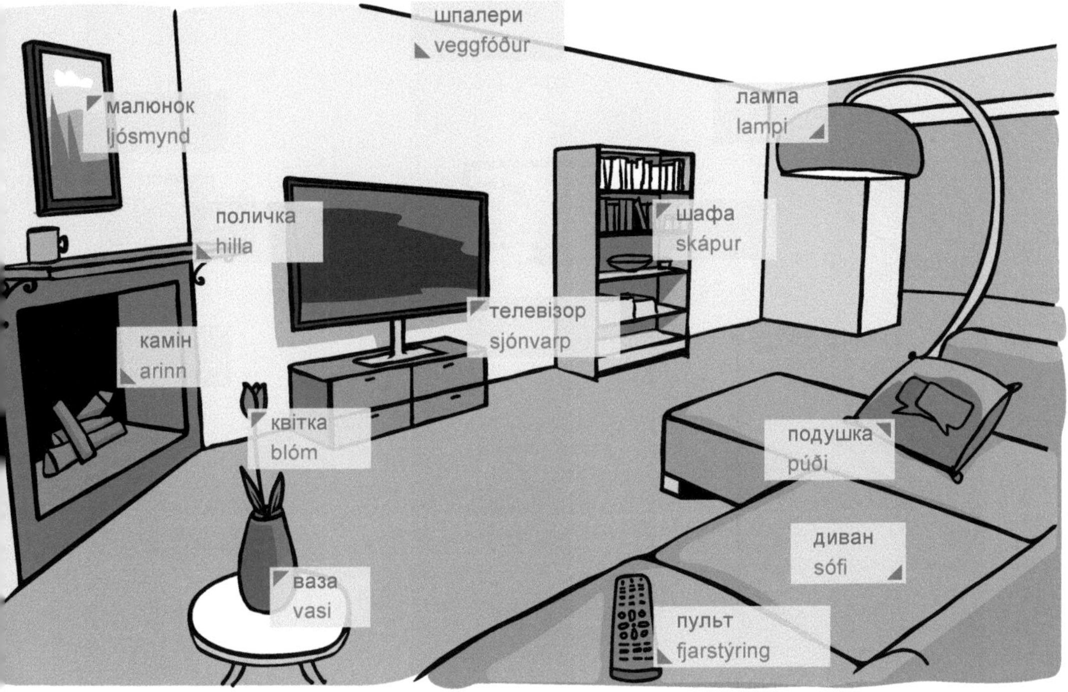

шпалери
veggfóður

малюнок
ljósmynd

лампа
lampi

поличка
hilla

шафа
skápur

камін
arinn

телевізор
sjónvarp

квітка
blóm

подушка
púði

диван
sófi

ваза
vasi

пульт
fjarstýring

килим

teppi

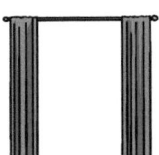

завіса

gardínur

стіл

borð

стілець

stóll

крісло-гойдалка

ruggustóll

крісло

hægindastóll

книга

bók

ковдра

sæng

прикраса

skraut

дрова

eldiviður

фільм

mynd

стереосистема

hljómflutningstæki

ключ

lykill

газета

dagblað

картина

málverk

плакат

veggspjald

радіо

útvarp

блокнот

minnisbók

пилосос

ryksuga

кактус

kaktus

свічка

kerti

кухня
eldhús

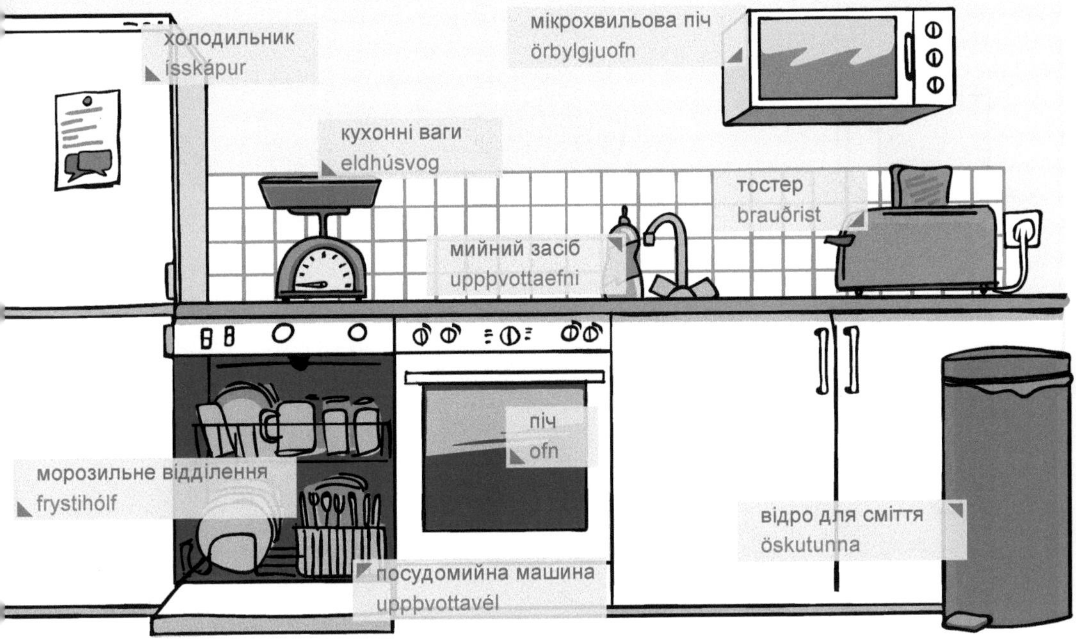
холодильник
ísskápur
мікрохвильова піч
örbylgjuofn
кухонні ваги
eldhúsvog
тостер
brauðrist
мийний засіб
uppþvottaefni
піч
ofn
морозильне відділення
frystihólf
відро для сміття
öskutunna
посудомийна машина
uppþvottavél

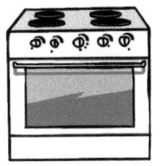

плита

eldavél

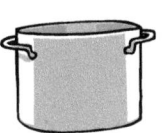

горщик

pottur

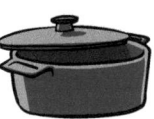

чавунний горщик

steypujárnspottur

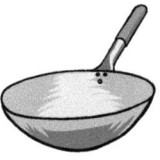

вок / кадай

wok/kadai

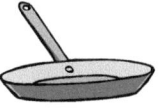

сковорода

panna

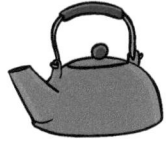

чайник

ketill

пароварка

gufukarfa

лист

ofnform

посуд

leirtau

кухоль

mál

чаша

skál

палички для їжі

prjónar

черпак

ausa

лопатка

spaði

вінчик для збивання

pískur

сито

sigti

сито

málmsigti

терка

rifjárn

ступка

mortél

барбекю

grill

багаття

opinn eldur

дошка

skurðarbretti

качалка

kökukefli

штопор

tappatogari

конзерва

dós

відкривачка

dósaopnari

прихватки

pottaleppur

раковина

vaskur

щітка

bursti

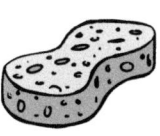

губка

svampur

міксер

blandari

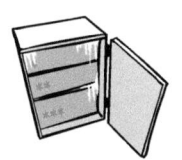

морозильна камера

frystir

дитяча пляшка

peli

кран

blöndunartæki

ванна кімната
baðherbergi

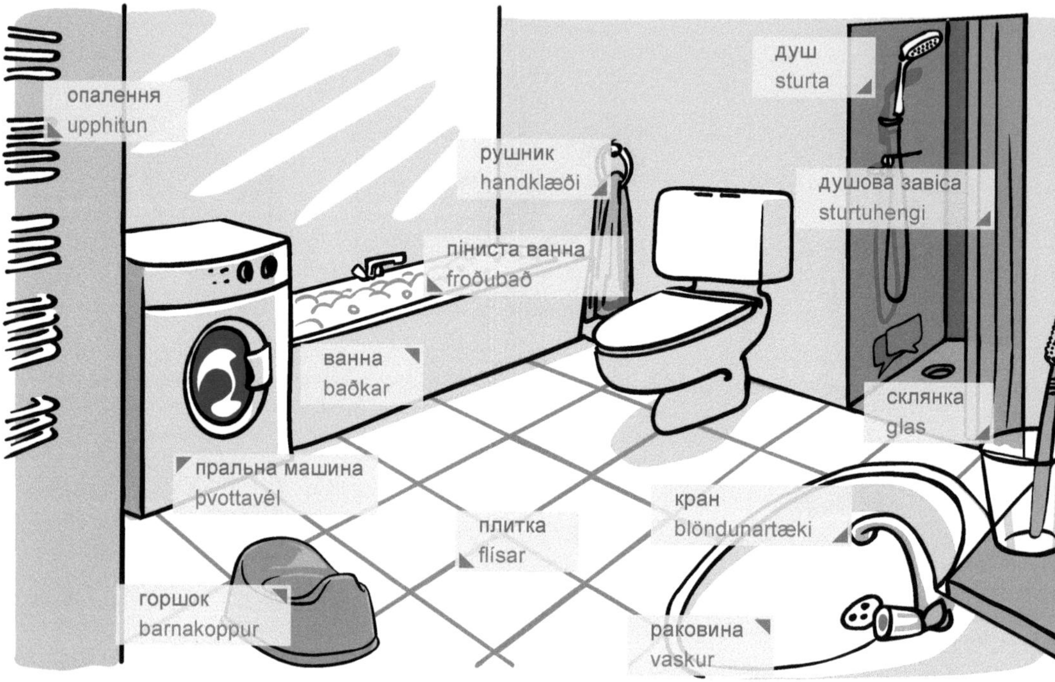

опалення
upphitun
душ
sturta
рушник
handklæði
душова завіса
sturtuhengi
пiниста ванна
froðubað
ванна
baðkar
склянка
glas
пральна машина
þvottavél
кран
blöndunartæki
плитка
flísar
горшок
barnakoppur
раковина
vaskur

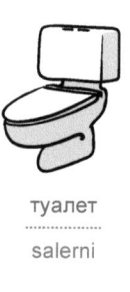

туалет

salerni

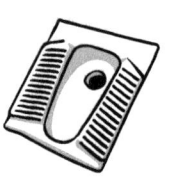

підлоговий туалет

salerni án setu

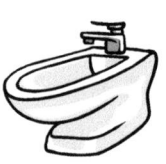

біде

skolskál

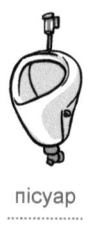

пісуар

þvagskál

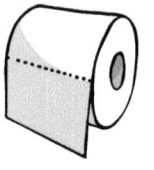

туалетний папір

salernispappír

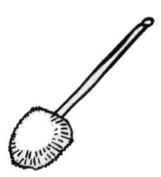

щітка для туалету

salernisbursti

зубна щітка

tannbursti

зубна паста

tannkrem

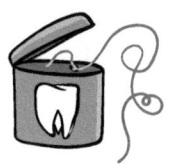

нитка для чищення зубів

tannþráður

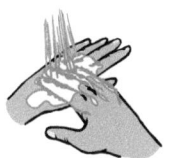

мити

þvo

ручний душ

handsturta

інтимний душ

salernissturta

таз

vaskur

щітка для спини

bakbursti

мило

sápa

гель для душу

sturtugel

шампунь

sjampó

мочалка

flannel

водостік

niðurfall

крем

krem

дезодорант

svitalyktareyðir

дзеркало

spegill

косметичне дзеркало

handspegill

бритва

rakskafa

піна для гоління

raksápa

лосьйон після гоління

rakspíri

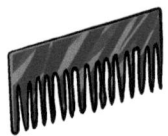

гребінь

greiða

щітка

bursti

фен

hárþurrka

лак для волосся

hársprey

косметика

farði

губна помада

varalitur

лак для нігтів

naglalakk

вата

bómull

ножиці для нігтів

naglaklippur

парфум

ilmvatn

косметичка

þvottapoki

табурет

kollur

ваги

vog

халат

sloppur

гумові рукавички

gúmmíhanskar

тампон

tíðatappi

гігієнічні прокладки

dömubindi

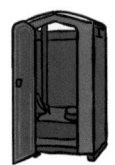

біотуалет

efnasalerni

дитяча кімната
barnaherbergi

будильник
vekjaraklukka
м'яка іграшка
mjúkt leikfang
іграшковий автомобіль
leikfangabíll
брязкальце
hrista
ляльковий будиночок
dúkkuhús
подарунок
gjöf

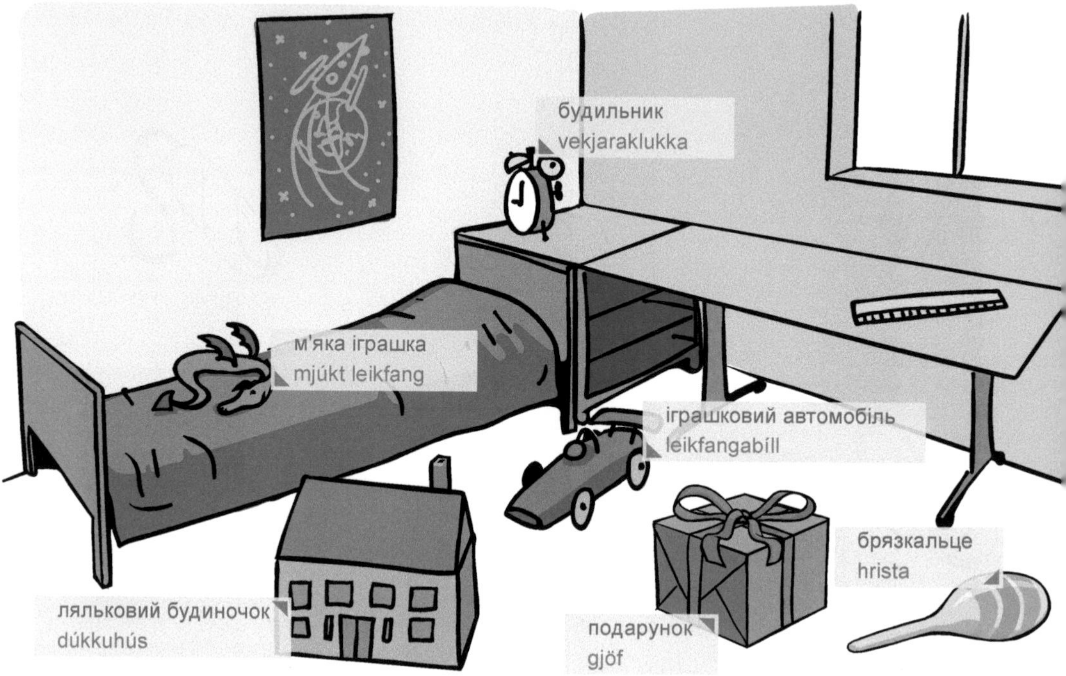

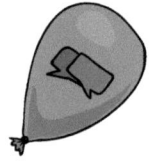

повітряна кулька

blaðra

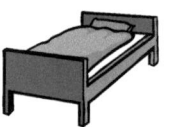

ліжко

rúm

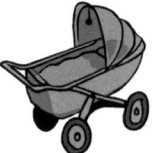

дитячий візок

barnavagn

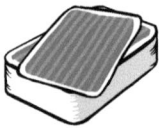

картярська гра

spilastokkur

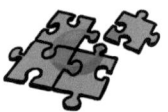

пазл

púsluspil

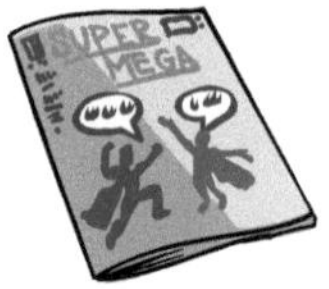

комікс

myndasaga

лего цеглинки

legókubbar

блоки

leikfangakubbar

іграшкова фігурка

leikfangakall

повзунки

samfestingur

фризбі

Frisbídiskur

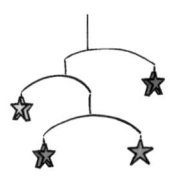

мобіле

órói

настільна гра

spilaborð

кубик

teningar

модель залізнична станція

lestarlíkan

соска

snuð

вечірка

veisla

книжка з картинками

myndabók

м'яч

bolti

лялька

brúða

грати

spila

пісочниця

sandkassi

гойдалка

sveifla

іграшка

leikföng

гральна консоль

leikjatölva

триколісний велосипед

þríhjól

плюшевий мішка

bangsi

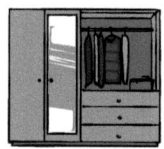

шафа

fataskápur

ОДЯГ

föt

шкарпетки

sokkar

панчохи

kvensokkabuxur

колготки

sokkabuxur

шарф
trefill

ремінь
belti

парасоля
regnhlíf

футболка
stuttermabolur

кросівки
strigaskór

чоботи
skór

домашнє взуття
inniskór

сандалі
sandalar

взуття
skór

гумові чоботи
gúmmístígvél

труси
nærbuxur

бюстгальтер
brjóstahaldari

нижня сорочка
vesti

боді

samfella

штани

buxur

джинси

gallabuxur

спідниця

pils

блузка

blússa

сорочка

skyrta

пуловер

peysa

светр

hettupeysa

піджак

jakki

куртка

jakki

пальто

frakki

дощовик

regnfrakki

костюм

dragt

сукня

kjóll

весільна сукня

brúðarkjóll

костюм

jakkaföt

нічна сорочка

náttkjóll

піжама

náttföt

сарі

Sari

головна хустка

höfuðslæða

чалма

túrban

бурка

búrka

кафтан

kaftan

абая

abaya

купальник

sundföt

плавки

sundbuxur

шорти

stuttbuxur

тренувальний костюм

íþróttagalli

фартух

svunta

рукавички

hanskar

гудзик

hnappur

окуляри

gleraugu

браслет

armband

ланцюг

hálsmen

кільце

hringur

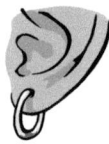

сережка

eyrnalokkur

шапка

húfa

плічка

herðatré

капелюх

hattur

краватка

bindi

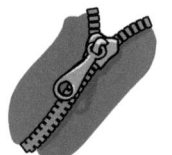

застібка-блискавка

rennilás

шолом

hjálmur

підтяжки

axlabönd

шкільна форма

skólabúningur

уніформа

einkennisbúningur

одяг - föt

нагрудник

smekkur

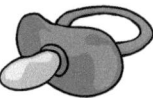

соска

snuð

підгузок

bleyja

сервер
netþjónn

шаф для документів
skjalaskápur

принтер
prentari

монітор
skjár

папір
pappír

письмовий стіл
skrifborð

миша
mús

папка
mappa

синтезатор
lyklaborð

кошик для паперу
ruslakarfa

стілець
stóll

комп'ютер
tölva

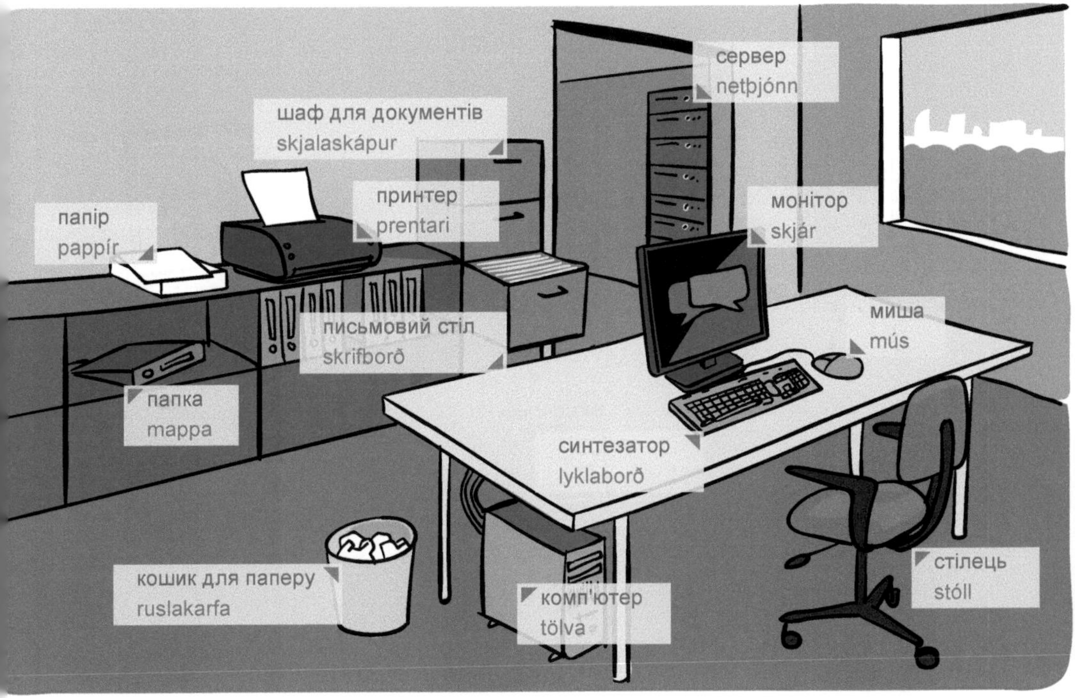

кавовий кухоль

kaffibolli

калькулятор

reiknivél

інтернет

internet

офіс - skrifstofa

49

ноутбук

fartölva

лист

bréf

повідомлення

skilaboð

мобільний телефон

farsími

мережа

net

копіювальний пристрій

ljósritunarvél

програмне забезпечення

hugbúnaður

телефон

sími

розетка

innstunga

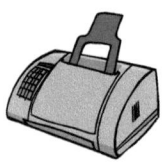

факс

faxtæki

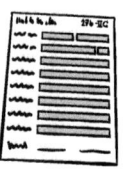

бланк

eyðublað

документ

skjal

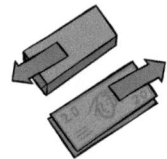

купувати

kaupa

платити

borga

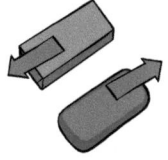

торгувати

versla

гроші

peningar

долар

dollari

євро

evra

ієна

jen

рубль

rúbla

франк

svissneskur franki

юанів женьміньбі

renminbi yuan

рупія

rúpíur

банкомат

hraðbanki

обмінний пункт

gjaldeyrisskipti

золото

gull

срібло

silfur

нафта

olía

енергія

orka

ціна

verð

контракт

samningur

податок

skattur

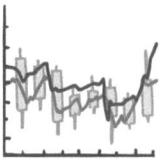

акція

hlutabréf

працювати

vinna

працівник

starfsmaður

роботодавець

vinnuveitandi

фабрика

verksmiðja

магазин

búð

професії

starfsgreinar

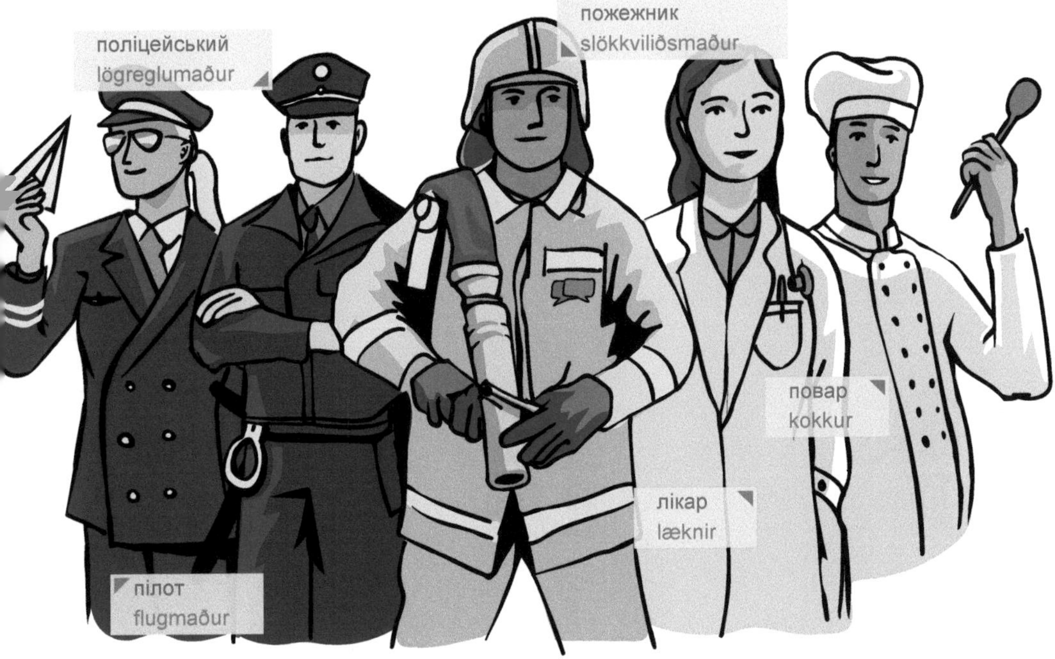
поліцейський
lögreglumaður
пожежник
slökkviliðsmaður
повар
kokkur
лікар
læknir
пілот
flugmaður

садівник

garðyrkjumaður

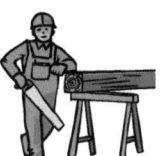

столяр

smiður

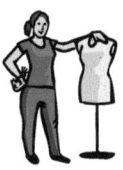

швачка

saumakona

суддя

dómari

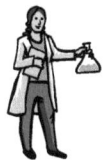

хімік

lyfjafræðingur

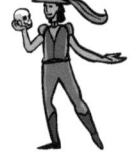

актор

leikari

водій автобуса

strætóbílstjóri

таксист

leigubílstjóri

рибалка

sjómaður

прибиральниця

ræstitæknir

покрівельник

þaksmiður

офіціант

þjónn

мисливець

veiðimaður

художник

málari

пекар

bakari

електрик

rafvirki

будівельник

byggingaverkamaður

інженер

verkfræðingur

забійник

slátrari

бляхар

pípari

листоноша

póstmaður

солдат
hermaður

архітектор
arkitekt

касир
gjaldkeri

флорист
blómasali

перукар
hárgreiðslumaður

кондуктор
lestarstjóri

механік
vélvirki

капітан
skipstjóri

дантист
tannlæknir

вчений
vísindamaður

рабин
rabbíi

імам
Imam

монах
munkur

пастор
prestur

інструменти
verkfæri

молоток
hamar
щипці
tangir
викрутка
skrúfjárn
гайковий ключ
skiptilykill
кишеньковий лі
logsuðutæki

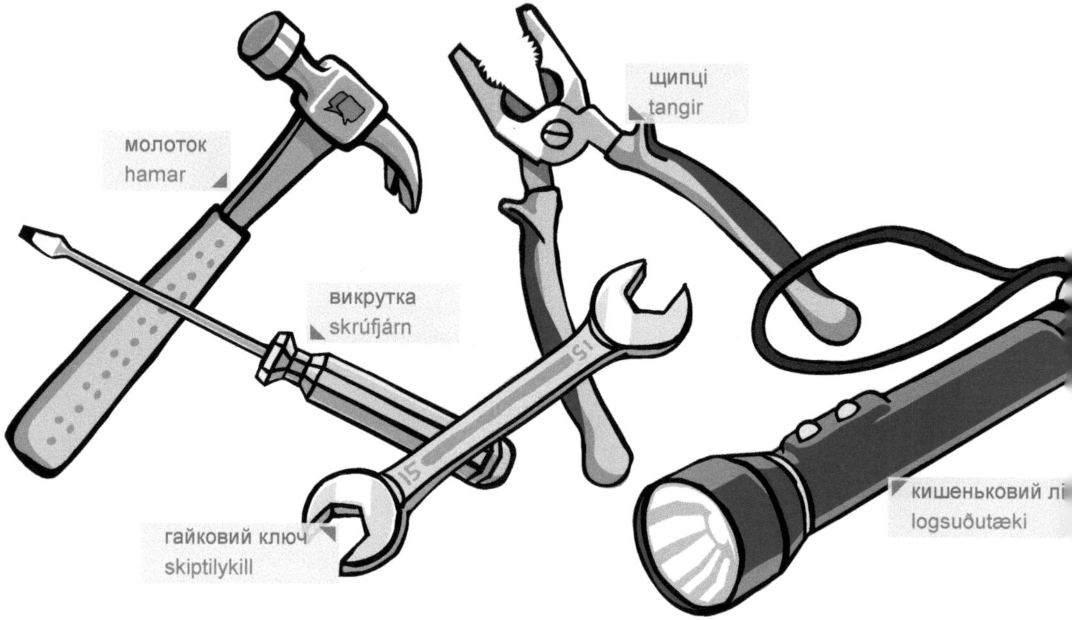

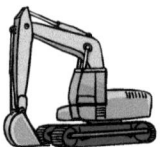

екскаватор

grafa

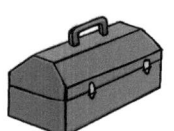

ящик для інструментів

verkfærataska

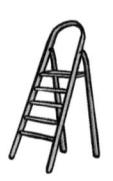

драбина

stigi

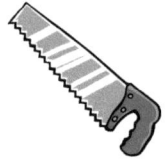

пилка

sög

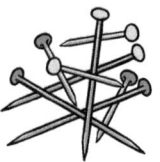

цвяхи

naglar

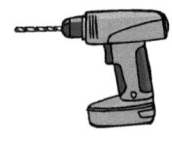

свердло

bor

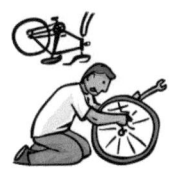

ремонтувати

gera við

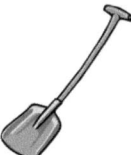

лопата

skófla

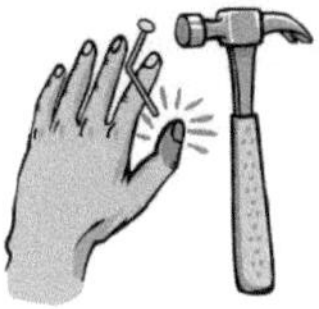

лайно!

Fjandinn!

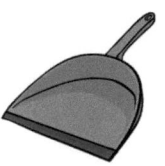

совок

fægiskófla

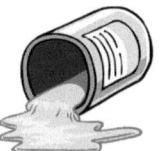

відро з фарбою

málningarfata

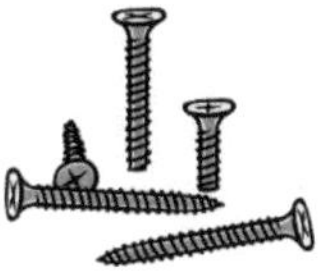

гвинти

skrúfur

музичні інструменти
hljóðfæri

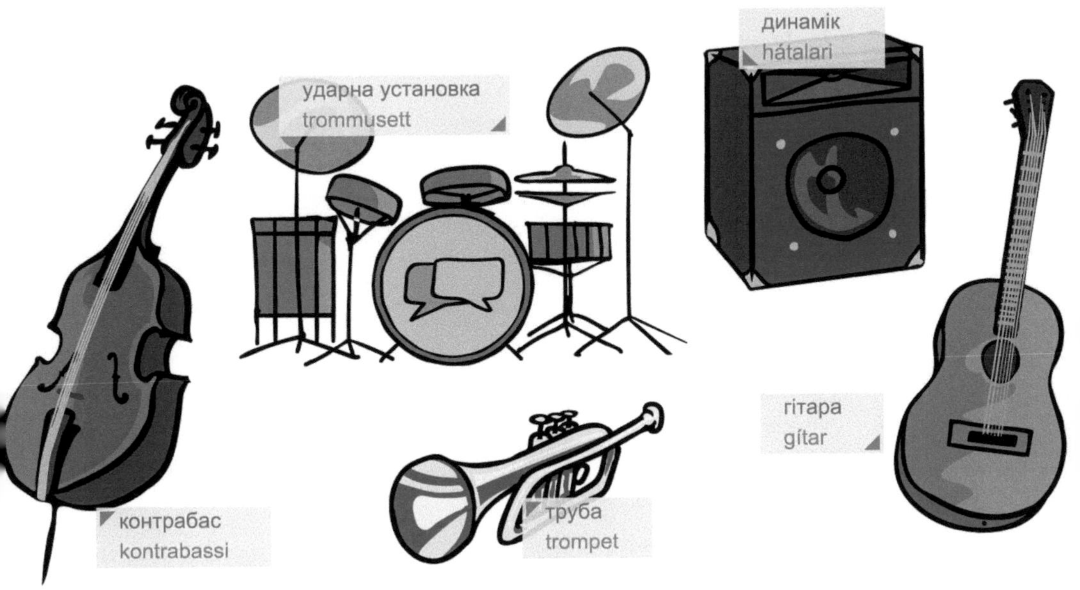
динамік
hátalari
ударна установка
trommusett
гітара
gítar
контрабас
kontrabassi
труба
trompet

фортепіано

píanó

скрипка

fiðla

бас

bassi

литаври

pákur

барабан

trommur

клавіатура

hljómborð

саксофон

saxófónn

флейта

flauta

мікрофон

hljóðnemi

зоопарк

dýragarður

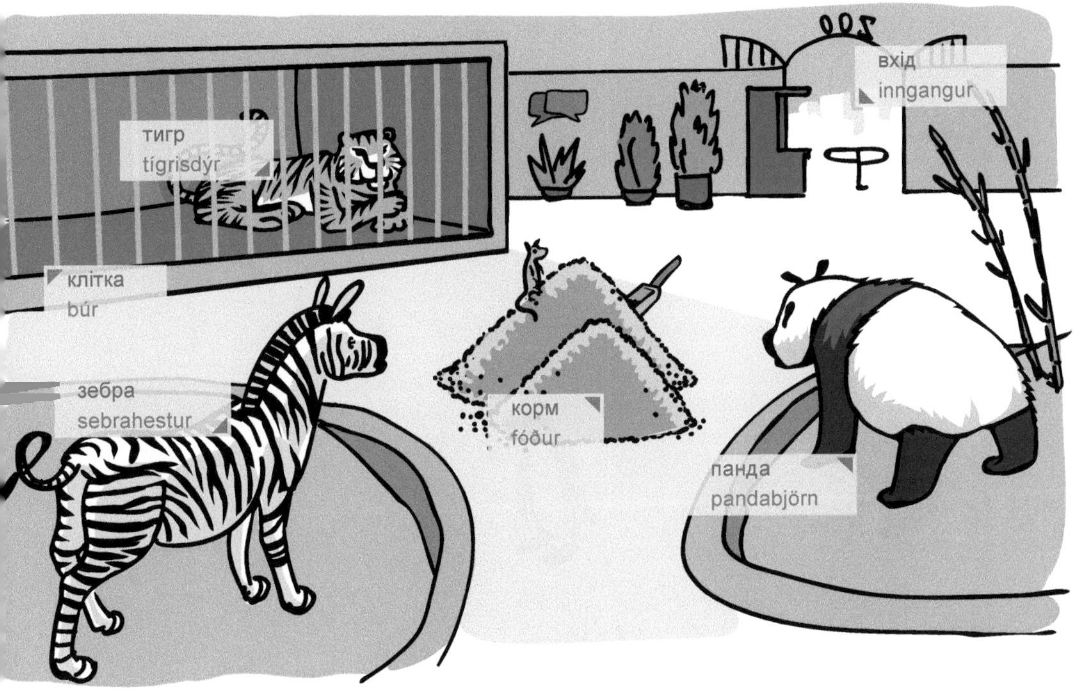

вхід
inngangur
тигр
tígrisdýr
клітка
búr
зебра
sebrahestur
корм
fóður
панда
pandabjörn

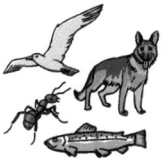

тварини

dýr

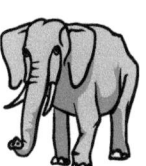

слон

fíll

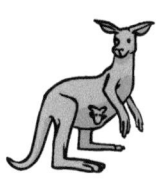

кенгуру

kengúra

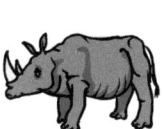

носоріг

nashyrningur

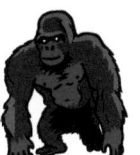

горила

górilla

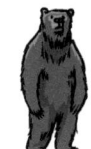

ведмідь

skógarbjörn

верблюд

úlfaldi

страус

strútur

лев

ljón

мавпа

api

фламінго

flamingó

папуга

páfagaukur

білий ведмідь

ísbjörn

пінгвін

mörgæs

акула

hákarl

павич

páfugl

змія

snákur

крокодил

krókódíll

працівник зоопарку

dýragarðsvörður

тюлень

selur

ягуар

jagúar

поні
hestur

леопард
hlébarði

гіпопотам
flóðhestur

жираф
gíraffi

орел
örn

кабан
villisvín

риба
fiskur

черепаха
skjaldbaka

морж
rostungur

лисиця
refur

газель
gasella

американський футбол
Amerískur fótbolti

їзда на велосипеді
hjólreiðar

теніс
tennis

баскетбол
körfubolti

плавання
sund

хокей
íshokkí

бокс
hnefaleikar

футбол
fótbolti

бадмінтон
hnit

легка атлетика
frjálsar íþróttir

гандбол
handbolti

лижні перегони
skíði

поло
póló

стрибати
hoppa

обіймати
faðma

сміятися
hlæja

йти
ganga

співати
syngja

мріяти
dreyma

молитися
biðja

цілувати
kyssa

писати
skrifa

малювати
teikna

показувати
sýna

тиснути
ýta

давати
gefa

брати
taka

мати

hafa

робити

gera

бути

vera

стояти

standa

бігати

hlaupa

тягнути

draga

кидати

kasta

падати

detta

лежати

ljúga

очікувати

bíða

носити

bera

сидіти

sitja

одягати

klæða sig

спати

sofa

просипатися

vakna

дивитися

líta á

плакати

gráta

гладити

strjúka

розчісувати

greiða

розмовляти

tala

розуміти

skilja

питати

spyrja

слухати

hlusta

пити

drekka

їсти

borða

прибирати

taka til

любити

elska

варити

elda

їхати

keyra

літати

fljúga

йти під вітрилом

sigla

рахувати

reikna

читати

lesa

вчитися

læra

працювати

vinna

одружуватися

giftast

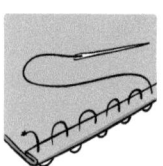

шити

sauma

чистити зуби

bursta tennur

убивати

drepa

курити

reykja

посилати

senda

сім'я
fjölskylda

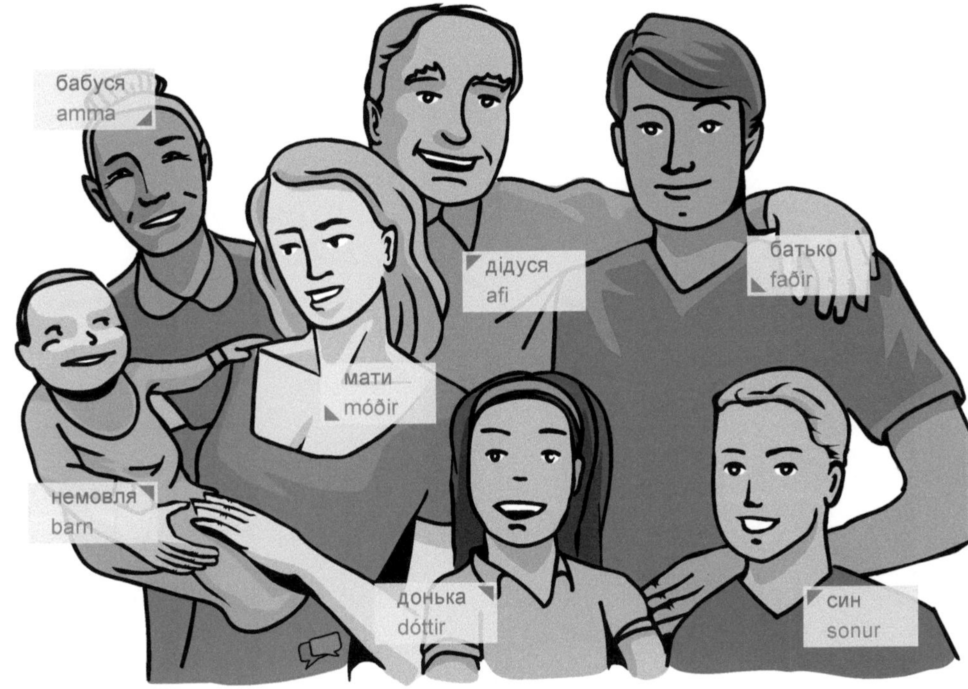
бабуся
amma
дідуся
afi
батько
faðir
мати
móðir
немовля
barn
донька
dóttir
син
sonur

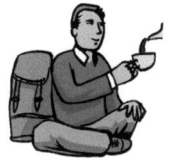

гість

gestur

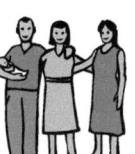

тітка

frænka

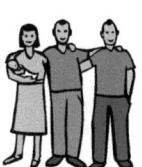

дядько

frændi

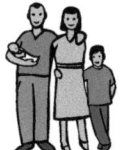

брат

bróðir

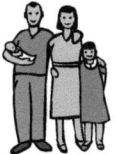

сестра

systir

тіло
líkami

чоло
enni
око
auga
плече
öxl
палець
fingur
обличчя
andlit
підборіддя
haka
кисть
hönd
груди
brjóst
нога
fótleggur
рука
handleggur

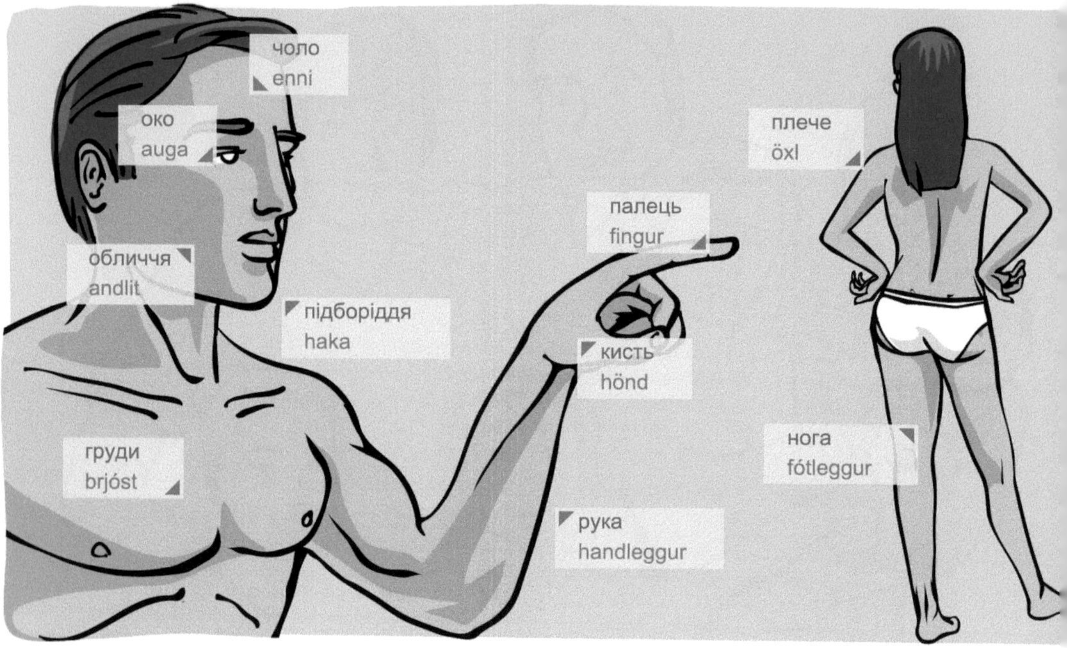

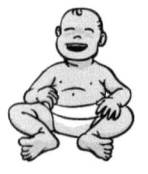

немовля

barn

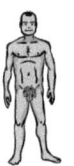

чоловік

maður

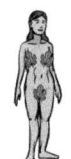

жінка

kona

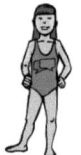

дівчина

stúlka

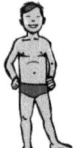

хлопчик

drengur

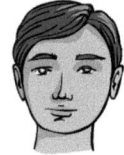

голова

höfuð

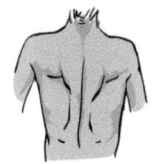

спина

bak

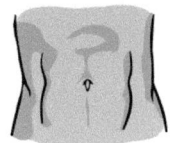

живіт

kviður

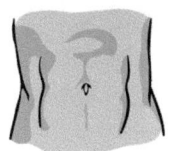

пуп

nafli

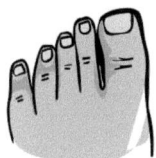

палець ноги

tá

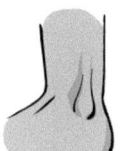

п'ята

hæll

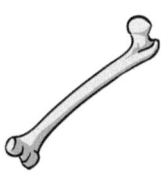

кістка

bein

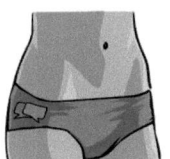

стегно

mjöðm

коліно

hné

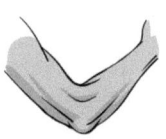

лікоть

olnbogi

ніс

nef

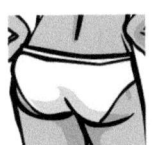

сідниці

rass

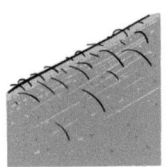

шкіра

húð

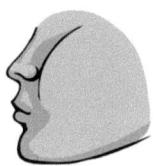

щока

kinn

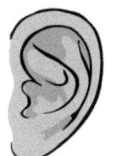

вухо

eyra

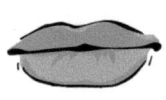

губа

vör

тіло - líkami

рот

munnur

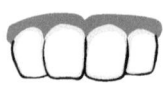

зуб

tönn

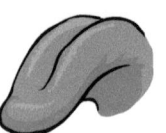

язик

tunga

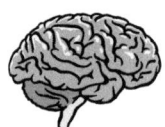

мозок

heili

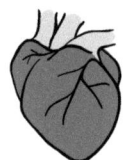

серце

hjarta

м'яз

vöðvi

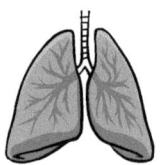

легені

lunga

печінка

lifur

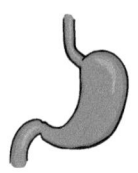

шлунок

magi

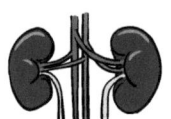

нирки

nýru

статевий акт

kynmök

презерватив

smokkur

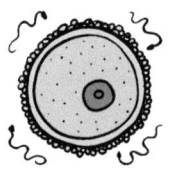

яйцеклітина

eggfruma

сперма

sæði

вагітність

ólétta

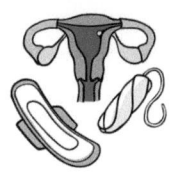

менструація
тíðir

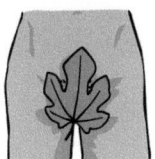

вагіна
leggöng

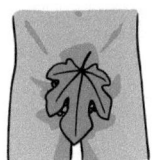

пеніс
typpi

брова
augabrún

волосся
hár

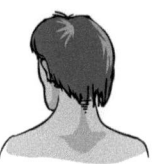

шия
háls

лікарня
sjúkrahús

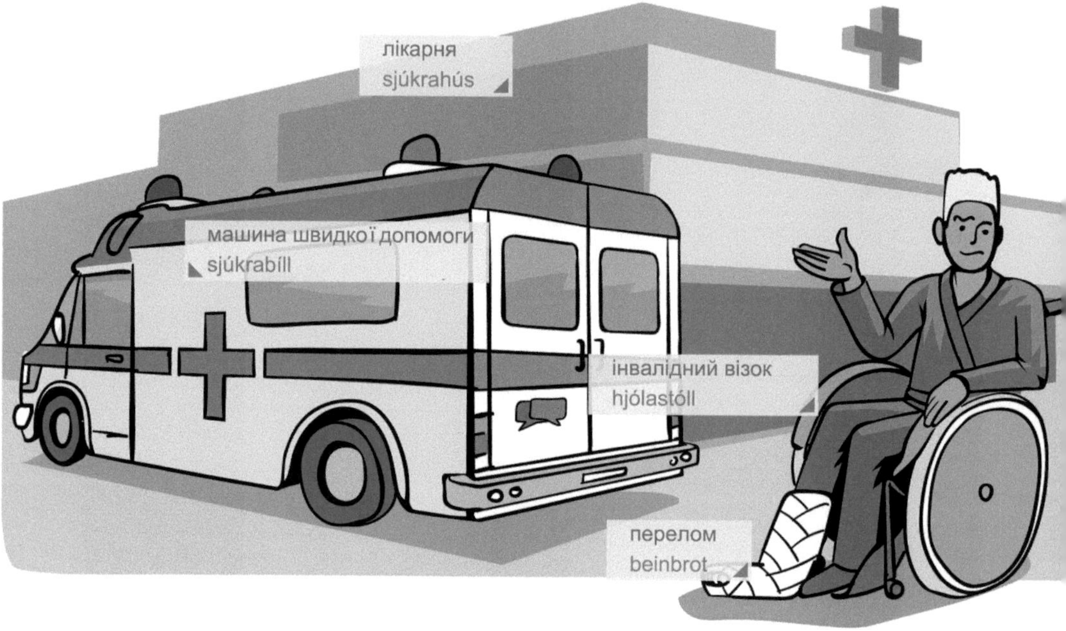

лікарня
sjúkrahús
машина швидкої допомоги
sjúkrabíll
інвалідний візок
hjólastóll
перелом
beinbrot

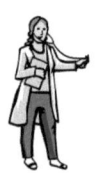

лікар

læknir

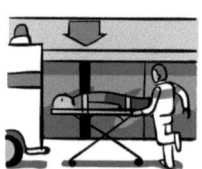

відділення швидкої медичної допомоги

bráðamóttaka

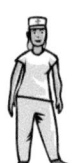

медсестра

hjúkrunarfræðingur

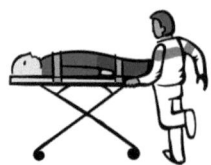

аварійний випадок

neyðartilvik

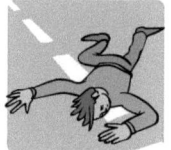

непритомний

meðvitundarlaus

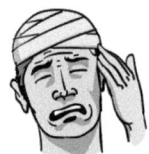

біль

verkir

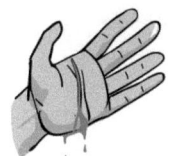

травма

meiðsli

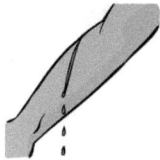

кровотеча

blæðing

інфаркт

hjartaáfall

інсульт

heilablóðfall

алергія

ofnæmi

кашель

hósti

лихоманка

hiti

грип

flensa

пронос

niðurgangur

головна біль

höfuðverkur

рак

krabbamein

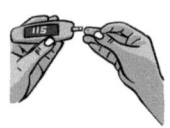

діабет

sykursýki

хірург

skurðlæknir

скальпель

skurðhnífur

операція

aðgerð

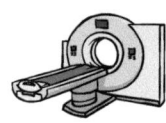

КТ

sneiðmyndataka

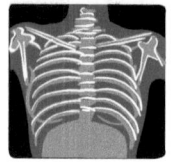

рентген

röntgengeisli

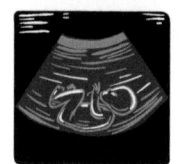

ультразвук

ómskoðun

маска

andlitsgríma

хвороба

sjúkdómur

зал очікування

biðstofa

милиця

hækja

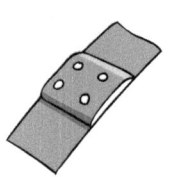

пластир

gifs

пов'язка

sáraumbúðir

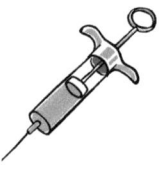

ін'єкція

sprauta

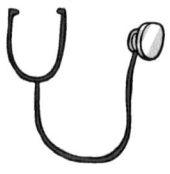

стетоскоп

hlustunarpípa

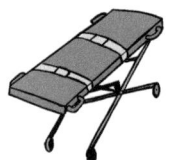

ноші

börur

термометр

líkamshitamælir

народження

fæðing

надмірна вага

yfirvigt

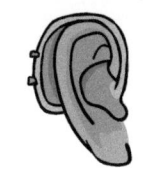

слуховий апарат

heyrnartæki

дезінфікуючий засіб

sótthreinsiefni

інфекція

sýking

вірус

veira

ВІЛ / СНІД

HIV / AIDS

медицина

lyf

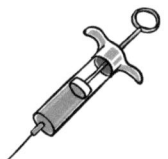

вакцинація

bólusetning

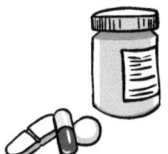

таблетки

töflur

протизаплідна пігулка

pilla

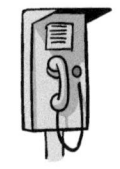

екстрений виклик

neyðarsímtal

тонометр

blóðþrýstingsmælir

хворий / здоровий

lasinn / heilbrigður

Допоможіть!

Hjálp!

сигнал тривоги

viðvörun

напад

líkamsárás

атака

árás

небезпека

hætta

аварійний вихід

neyðarútgangur

Вогонь!

Eldur!

вогнегасник

slökkvitæki

аварія

slys

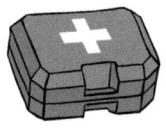

аптечка

skyndihjálparbúnaður

СОС

SOS

поліція

lögregla

Європа

Evrópa

Північна Америка

Norður-Ameríka

Південна Америка

Suður-Ameríka

Африка

Afríka

Азія

Asía

Австралія

Ástralía

Атлантика

Atlantshaf

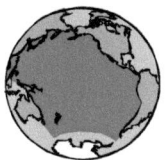

Тихий океан

Kyrrahaf

Індійський океан

Indlandshaf

Антарктичний океан

Suður-Íshaf

Північний Льодовитий
океан

Norður-Íshaf

Північний полюс

Norðurpóll

Південний полюс

Suðurpóll

Антарктика

Suðurskautslandið

Земля

Jörð

суша

land

море

sjór

острів

eyja

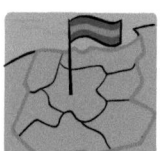

нація

þjóð

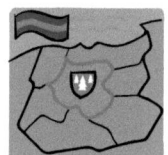

держава

ríki

циферблат

klukkuskífa

годинникова стрілка

litli vísir

хвилинна стрілка

stóri vísir

секундна стрілка

sekúnduvísir

Котра година?

Hvað er klukkan?

день

dagur

час

tími

зараз

nú

цифровий годинник

tölvuúr

хвилина

mínúta

година

klukkustund

тиждень
vika

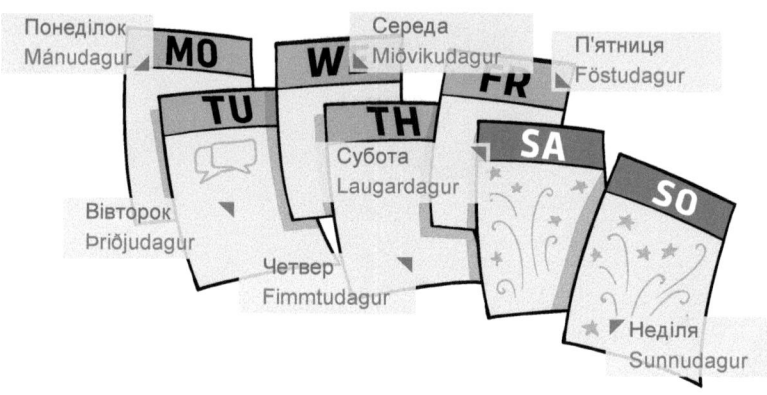

Понеділок
Mánudagur

Середа
Miðvikudagur

П'ятниця
Föstudagur

Вівторок
Þriðjudagur

Четвер
Fimmtudagur

Субота
Laugardagur

Неділя
Sunnudagur

вчора

í gær

сьогодні

í dag

завтра

á morgun

ранок

morgunn

опівдні

hádegi

вечір

kvöld

робочі дні

virkir dagar

кінець робочого тижня

helgi

рік

ár

дощ
rigning
веселка
regnbogi
вітер
vindur
сніг
snjór
весна
vor
осінь
haust
літо
sumar
зима
vetur

4.APRIL 11°
5.APRIL 4°
6.APRIL 13°
7.APRIL 8°
8.APRIL 10°

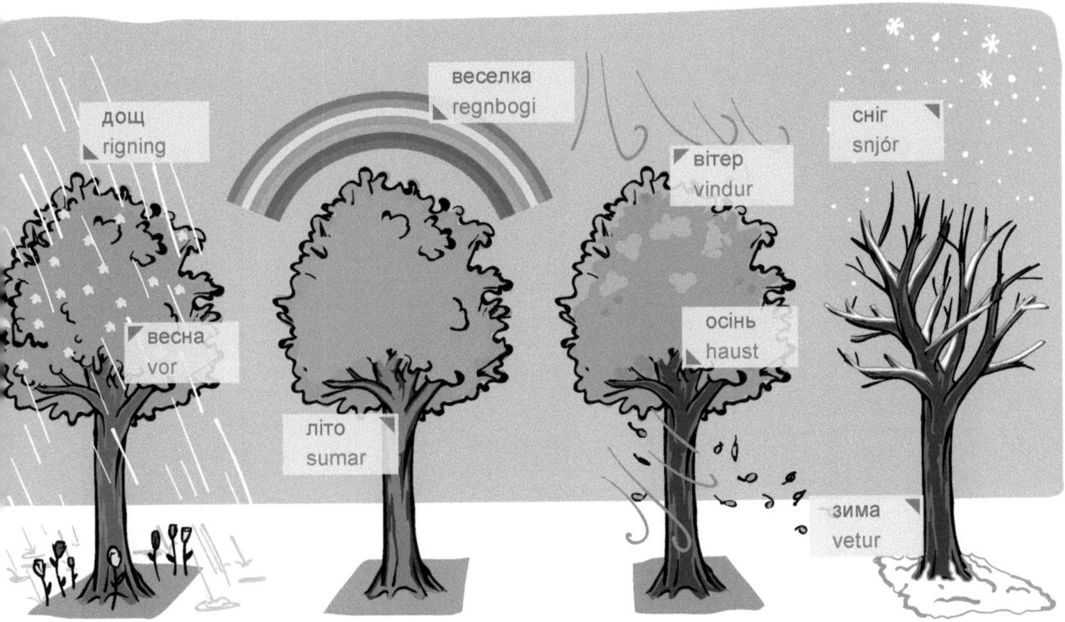

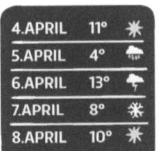

прогноз погоди

veðurspá

F C
120 40
90 30
60 20
30 10
0 0
-30 -10
-20

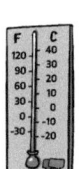

термометр

hitamælir

сонячне світло

sólskin

хмара

ský

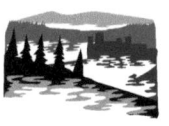

туман

þoka

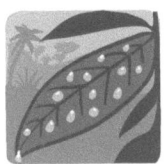

вологість повітря

raki

блискавка

eldingar

грім

þrumuveður

шторм

stormur

град

haglél

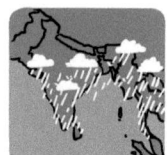

мусон

monsún

повінь

flóð

лід

ís

Січень

Janúar

Лютий

Febrúar

Березень

Mars

Квітень

Apríl

Травень

Maí

Червень

Júní

Липень

Júlí

Серпень

Ágúst

Вересень

September

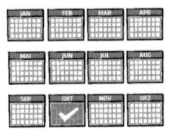

Жовтень

Október

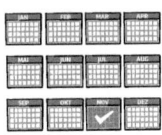

Листопад

Nóvember

Грудень

Desember

форми

form

круг

hringur

квадрат

ferningur

прямокутник

rétthyrningur

трикутник

þríhyrningur

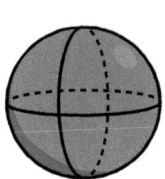

куля

kúla

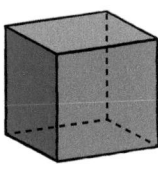

куб

teningur

білий

hvítur

жовтий

gulur

помаранчевий

appelsínugulur

рожевий

bleikur

червоний

rauður

фіолетовий

fjólublár

синій

blár

зелений

grænn

коричневий

brúnn

сірий

grár

чорний

svartur

багато / мало

mikið / lítið

лютий / мирний

reiður / rólegur

гарний / бридкий

fallegur / ljótur

початок / кінець

upphaf / endir

великий / малий

stór / lítill

світлий / темний

bjartur / dimmur

брат / сестра

bróðir / systir

чистий / брудний

hreinn / óhreinn

завершений / незавершений

heill / ófullnægjandi

день / ніч

dagur / nótt

мертвий / живий

dauður / lifandi

широкий / вузький

breiður / mjór

їстівний / неїстівний

ætur / óætur

злий / дружній

vondur / góður

збуджений / нудьгуючий

spenntur / leiður

товстий / тонкий

feitur / mjór

спочатку / востаннє

fyrstur / síðastur

друг / ворог

vinur / óvinur

повний / порожній

fullur / tómur

жорсткий / м'який

harður / mjúkur

важкий / легкий

þungur / léttur

голод / спрага

svangur / þyrstur

хворий / здоровий

lasinn / heilbrigður

незаконний / законний

ólöglegur / löglegur

розумний / дурний

greindur / heimskur

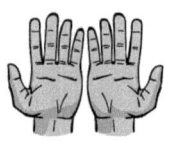

вліво / вправо

vinstri / hægri

поруч / далеко

nálægur / fjarlægur

новий / використаний

nýr / notaður

нічого / щось

ekkert / eitthvað

старий / молодий

gamall / ungur

вкл / викл

kveikt / slökkt

відкрито / закрито

opna / loka

тихо / гучно

Lágvær / hávær

багатий / бідний

ríkur / fátækur

правильно / неправильно

rétt / rangt

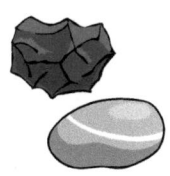

шорсткий / гладкий

grófur / sléttur

сумний / щасливий

sorgbitinn / hamingjusamur

короткий / довгий

stutt / lengi

повільно / швидко

hægt / hratt

вологий / сухий

blautur / þurr

гарячий / холодний

heitur / kaldur

війна / мир

stríð / friður

протилежності - andstæður

0	**1**	**2**
нуль	один	два
núll	einn	tveir
3	**4**	**5**
три	чотири	п'ять
þrír	fjórir	fimm
6	**7**	**8**
шість	сім	вісім
sex	sjö	átta
9	**10**	**11**
дев'ять	десять	одинадцять
níu	tíu	ellefu

12

дванадцять

tólf

13

тринадцять

þrettán

14

чотирнадцять

fjórtán

15

п'ятнадцять

fimmtán

16

шістнадцять

sextán

17

сімнадцять

sautján

18

вісімнадцять

átján

19

дев'ятнадцять

nítján

20

двадцять

tuttugu

100

сто

hundrað

1.000

тисяча

þúsund

1.000.000

мільйон

milljón

числа - tölur

англійська

Enska

американська англійська

Amerísk enska

китайська
високочиновницька

Mandarin-kínverska

хінді

Hindí

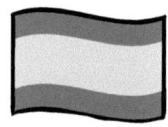

іспанська

Spænska

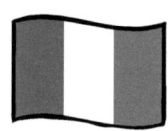

французька

Franska

арабська

Arabíska

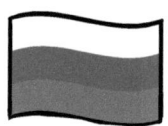

російська

Rússneska

португальська

Portúgalska

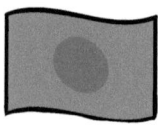

бенгальська

Bengali

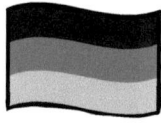

німецька

Þýska

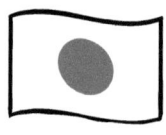

японська

Japanska

я

ég

ти

þú

він / вона / воно

hann / hún / það

ми

við

ви

þú

вони

þeir

хто?

hver?

що?

hvað?

як?

hvernig?

де?

hvar?

коли?

hvenær?

ім'я

nafn

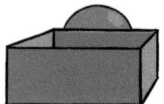

ззаду

bakvið

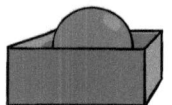

в

í

перед

fyrir framan

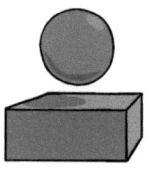

над

yfir

на

á

під

undir

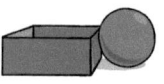

біля

við hliðina

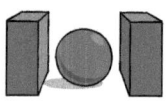

між

milli

місце

sæti